# Le Tao 道
## de la Femme

Pamela K. Metz & Jacqueline L. Tobin

# Le Tao 道
## de la Femme

GUY TRÉDANIEL ÉDITEUR
65, RUE CLAUDE-BERNARD
75005 PARIS

*Titre original : The Tao of Women*

*Traduit de l'américain par* **Antonia Leibovici**

© By Humanics Limited 1995
Published under arrangement with
Humanics Publishing Group, Atlanta, GA, USA
All rights reserved

© Éditions Guy Trédaniel 1997 pour l'édition française

ISBN: 978-0-89334-485-6

# Remerciements

Nous désirons remercier nos familles, nos amis, nos collègues, nos élèves, nos professeurs et particulièrement toutes les femmes qui ont contribué, directement et indirectement, au *Tao de la Femme*. Nous sommes heureuses d'avoir découvert en même temps le *Nu Shu* et nous remercions Norma Libran, la première à traiter ce sujet, ainsi que Su Chien-ling de la Fondation de l'Eveil, qui nous a fait connaître notre traductrice de *Nu Shu*, Shi-huei Cheng. Nous avons été enchantées de travailler avec ces personnes.

Pamela remercie Gary Wilson et Robin Hall des éditions Humanics Limited pour avoir poursuivi la tradition de publication des livres sur le Tao, Charlene Byers pour son amitié inébranlable, ainsi que toutes les personnes qui l'ont aidée sur cette voie.

Jacqueline remercie son mari, Stewart, pour l'avoir soutenu en lui offrant « une pièce pour elle toute seule », ses enfants, Alex et Jasmine, qui lui ont montré ses véritables attaches, sa mère, qui lui a laissé un héritage à transmettre et ses sœurs, B.J. et Debra, qui ont eu foi en elle.

# *Introduction*

Le *Tao de la Femme*, inspiré par le *Tao Te Ching* de Lao Tze, associe l'ancienne philosophie taoïste à la sagesse féminine. Peu avant sa mort, Lao Tze fut persuadé par ses adeptes de consigner les enseignements de sa vie sous la forme de 81 versets. Son *Tao Te Ching* a servi de source de réflexions philosophiques pour des millions de gens. Nous utilisons cette même forme, car nous voulons récréer et présenter la sagesse générée par des siècles de vie féminine, pour l'empêcher de disparaître. Le « Tao de la femme » veut dire « La façon de faire de la femme ». Nous savons intuitivement que si nous restons immobiles et écoutons attentivement, nous serons guidées par les voix et les messages de nos ancêtres féminines.

Jusqu'à une date relativement récente, les récits des femmes n'ont jamais été publiés pour être étudiés et analysés ; on n'en parlait même pas. Ces récits sont cachés dans les patchworks que nous cousons, les paniers que nous tressons, les poteries que nous façonnons, les chansons que nous chantons, les poèmes que nous créons et les familles que nous élevons – les messages des vies entières, codés dans les traditions féminines. Toutes les femmes partagent le pouvoir de créer ; nous sommes les origines et les promesses infinies de la vie. Dans plusieurs brèves et poignantes réflexions, nous essayons de capter ce pouvoir et d'explorer les nombreuses perspectives et rôles des femmes au cours des âges.

D'innombrables générations de femmes ont vécu avant nous. Des récits des vies exceptionnelles des femmes ordinaires ont été soit perdues avec le temps, soit complètement oubliés. Nous savons que les femmes ne se rassemblent plus à la fontaine ; les mères et les filles ne s'asseyent plus côté à côté ; les grand-mères n'ont plus à qui enseigner. Les fils primordiaux de la communication féminine, déjà délicats et tenus, disparaissent de plus en plus de notre vie quotidienne.

Pendant la rédaction du *Tao de la Femme* un article de Norma Libran parut dans le journal local ; il parlait de la récente découverte d'un langage secret utilisé jadis en Chine par les femmes. Ce langage secret, appelé *Nu Shu* (« écriture des femmes ») fut inventé pour communiquer dans une société où seuls les hommes avaient le droit de lire ou d'écrire en public.

Malgré l'oppression, les femmes communiquaient à travers des caractères simples, austères. Ce langage a un dessin réduit et simplifié. Pour l'œil exercé, il est facile à déchiffrer, mais il n'a pratiquement aucune signification pour ceux qui ne savent pas quoi regarder. Le *Nu Shu* était esquissé entre les lignes verticales de l'écriture chinoise traditionnelle ou brodé sur des mouchoirs, éventails et serviettes, envoyés comme de modestes présents. Actuellement, très peu de femmes chinoises, parmi les plus âgées, utilisent encore le *Nu Shu*, qu'elles ont appris de leurs mères et grand-mères. Nous avons pensé immédiatement que cette forme secrète de communication devrait être préservée et entretenue. Le *Nu Shu* a été découvert en 1950 dans la région montagneuse de Hunan (Chine). Une femme qui essayait de retrouver la maison de son enfance alla à un poste de police avec une adresse écrite sur un bout de papier en caractères *Nu Shu*. Personne ne put comprendre le langage ; personne ne l'avait même pas vu auparavant. Ce n'est qu'en 1982 que ce langage secret fut rassemblé et traduit.

Dans la tradition bouddhiste de Hunan, toutes les possessions d'une personne sont brûlées quand celle-ci meurt. C'est ainsi que la plupart des objets où ce langage était inscrit ont été détruits. Espérant préserver cet héritage culturel avant que ne disparaisse la dernière personne qui connaissant cette écriture, l'ethnologue Hung Che-ping alla à Hunan. Là, elle collecta, étudia et traduisit toutes les œuvres *Nu Shu* qu'elle put trouver. Sans son zèle et sa curiosité, une profusion de chansons, poèmes, récits, lettres et autobiographies écrits en *Nu Shu* auraient été irrémédiablement perdus.

Shi-huei Cheng, rédactrice, traductrice et administratrice de la Fondation de l'Eveil, l'organisation féministe chinoise, a traduit le titre de chacun des 81 chapitres du *Tao de la Femme*. Ce sont les seuls exemples publiés du *Nu Shu* en Anglais et maintenant en Français. Elle a dirigé des recherches extensives à Hunan, avec les quelques femmes qui utilisent encore le *Nu Shu* et a supervisé la publication de plusieurs manuscrits *Nu Shu* originaux et leur transcription en chinois mandarin. Elle nous a été recommandée par Su Chien-ling, la vice-présidente de la Fondation de l'Eveil ; nous avons énormément apprécié son aide.

Nous sommes extrêmement honorées d'avoir pu illustrer les titres de ce livre avec leurs traductions *Nu Shu*. C'est juste que l'ancien et mystique Tao soit associé au mystérieux langage féminin, dans un livre qui présente un récit contemporain des coutumes des femmes. Les caractères traditionnels chinois ont été ajoutés tant pour montrer la différence absolue entre les deux formes de communication que pour montrer l'aspect original du *Nu Shu*. Nous voulons atteindre un équilibre entre le mâle et la femelle, le masculin et le féminin. Les femmes ont survécu en comprenant l'équilibre et la plénitude : donnant vie à des hommes, vaincrant les obstacles par la douceur, reculant pour avancer. Nous rendons hommage à cette sagesse féminine et la faisons nôtre.

Dans chaque chapitre vous avez un espace pour noter vos propres pensées. Dans un effort pour faire revivre la tradition de transmission des récits féminins, nous vous encourageons à utiliser ce livre comme un journal pour vos pensées, théories, questions et récits. Beaucoup de temps s'est écoulé depuis que les femmes n'ont plus communiqué profondément, depuis que les femmes ont discuté de la signification du fait d'être femme. Nous avons inscrit notre adresse à la fin de ce livre, pour que vous puissiez nous envoyer vous réflexions préférées : un poème, un dessin, une histoire, un conseil, une pensée personnelle. Ces chapitres sont nos enseignements pour vivre comme une femme, la sagesse que nous voulons donner à nos filles. Quelles leçons souhaiteriez-vous transmettre ? Quelles leçons, qui nous sont connues, à nous les femmes, voudriez-vous partager ?

Bien que les femmes ont survécu au cours des siècles en vivant dans le silence, leur force peut être entendue par ceux qui écoutent. Dans toutes les cultures, sans voix ou langage propres, souvent sans savoir lire ou écrire, les femmes ont toujours trouvé des moyens de communiquer. Le *Tao de la Femme* est la version contemporaine du langage *Nu Shu*. Lisez entre les lignes et vous trouverez l'éternel langage des femmes. Il reste secret seulement pour ceux qui n'essayent pas ou ne veulent pas le comprendre. Avec ces vers et ces traductions, nous rompons le silence, nous revendiquons notre sagesse en tant que femmes, nous distinguons ce qui nous unit. Quand le silence est rompu et le code déchiffré, nous découvrons le fil de la tradition féminine qui nous relie, nous les femmes. Le fil peut servir de guide dans le labyrinthe des passages de la vie, nous guider le long du chemin suivi par tant d'autres avant nous. Le *Tao de la Femme* est tissé avec ce fil.

Lisez-le à haute voix, pour vous et pour les autres. Entendez les voix de vos grand-mères et de leurs grand-mères dans le silence entrelaçant les paroles. Visualisez les liaisons qui nous unissent par dessus le temps, l'espace et la culture. Rappelez-vous les femmes qui ont vécu avant vous et vos filles, qui viendront après vous.

Le *Tao de la Femme* est notre héritage. Transmettez-le.

_____ *Réflexions*

*Emergence*

# 1. Émergence

Les histoires rattachant toutes les femmes émergent du Tao.

Les fils sont restés cachés pendant des millénaires.

Les chemins ont été usés par les pas de
                          celles qui nous ont précédées.

Les histoires ont été réduites au silence.
                          Les chemins oubliés.

Maintenant, le silence a volé en éclats ; un chœur s'élève.
                          Les femmes parlent.

Émergence.

_____ *Réflexions*

*Travail de femmes*

## 2. Travail de femmes

*Elle ose créer l'extraordinaire du banal.*

*Elle prend débris, morceaux et restes et fabrique
        patchworks, paniers, gâteaux et familles.*

*La fortune et la pauvreté suscitent
        la tension qu'exige la création.*

*Elle ose créer sans agir, tisser sans fil
        et chanter par le silence.*

*Quand son travail est fini, elle le cède.
        Ainsi, il peut continuer sans elle.*

*Extraordinaire.*

_____ *Réflexions*

*La femme sage*

## 3. La femme sage

C'est une femme sage, qui s'occupe de ses affaires et laisse les autres en faire pareil. Tout est possible quand tous font des efforts.

Elle sait ce qui est important et prend le temps de visiter ses voisines. Elle fête les femmes célèbres et honore toutes les autres, en se réjouissant de leur parenté.

Elle connaît son rôle dans le monde et laisse les autres trouver une place. L'expérience de toute sa vie l'a conduite ici.

_____ *Réflexions*

*Récipients*

# 4. Récipients

*Elle est remplie de l'essence  
　　　　　　　qui nourrit le monde.*

*Versant à profusion aux autres,  
　　　la femme sage se désaltère la première.*

Réflexions

Equilibre

## 5. Equilibre

La femme sage est une mère ;
   elle met au monde le bien et le mal.
La femme sage est impartiale ;
   elle ouvre ses bras à tous.

Le Tao est pareil à la femme sage ;
   il n'a pas de préjugés et demeure équilibré.
      Plus elle dévoile, plus elle reçoit.
   Plus on parle d'elle, moins on la comprend.

Restez centré ; restez équilibré.

_____ *Réflexions*

*Matrice*

## 6. Matrice

*La femme sage se souvient de ses origines.
Elle y retourne souvent
             pour se renouveler et renaître.*

*La Terre Mère offre aux enfants du monde un endroit sûr à explorer, une source de nourriture et une promesse de croissance.*

*La femme sage protège
             l'ordre naturel de la création.*

_____ *Réflexions*

*Union*

# 7. Union

La femme sage conserve son lien avec
    toutes les choses en lâchant prise.

Le garçon qui se raccroche au sein
        ne deviendra jamais un homme.

Lâchez prise.

La fille qui incarne les rêves de sa mère
        ne deviendra jamais une femme.

Lâchez prise.

La toile de l'araignée est invisible.
Pourtant, ses attaches
      à la liberté et à la sécurité sont fortes.

Lâchez prise.

_____ *Réflexions*

*Fluide*

## 8. Fluide )|(

*La femme sage peut prendre*
  *la forme de son espace*
    *sans perdre son apparence.*
*Pour elle, l'essentiel n'est pas*
    *de garder ses contours.*

*Elle n'abandonne pas son essence ;*
            *pourtant, elle est libre.*

## Réflexions

*Abondance*

## 9. Abondance

*La coupe pleine n'accepte plus une goutte.
Les coupes vides attendent qu'on les remplisse.*

*La coupe de la femme sage est toujours
      à moitié pleine,
           prête à recevoir et
                 prête à donner.*

_____ Réflexions

Naissance

## 10. Naissance

Peut-on donner naissance et quand même abandonner ?
Peut-on nourrir les autres et continuer
                 à prendre soin de soi ?

Peut-on montrer aux autres le chemin, sans perdre sa voie ?
Peut-on pourvoir la sécurité,
             tout en osant s'aventurer dans l'inconnu ?

Peut-on apaiser les peurs des enfants,
               tout en réprimant les siennes ?

Tout ce qu'on touche change.
        On change tout ce qu'on touche.
            C'est la création.

_____ Réflexions

*Entre les lignes*

## 11. Entre les lignes

*L'espace entre les lignes crée l'image.*
*Donnant sens à nos vies,*
*　　　la silhouette et le fond sont inversés.*
*　　　　　Ce n'est pas une illusion.*

*Le vide est rempli ;*
*　　l'abondance ne laisse pas de place*
*　　　　　　　pour le vide.*

*Au-delà des limites se trouve sa place solitaire,*
*　　son lieu de rencontre avec les autres femmes,*
*　　　　le souvenir d'espaces sacrés qui existent*
*　　　　　entre les lignes*
*　　　　　　pour celles*
*　　　　　　　qui sont*
*　　　　　　　　en quête.*

*Le vide est plein. Le mystère se tient entre les lignes.*

*Le Tao de la femme*

_____ Réflexions

Intuition

## 12. Intuition

*Sa force réside*
  *dans la perception directe de la vie*
    *qui n'a pas de nom.*

*Intuition : intelligence au-delà des mots ;*
  *capacité à survivre.*

*Faites confiance à votre intelligence.*
                    *Réagissez à l'essentiel.*

_____ Réflexions

*Son Soi / Elle-même*

## 13. Son Soi / Elle-même

*Gravir ou descendre une montagne,*
*réussir ou échouer,*
*c'est la même chose.*
*Un pas à la fois. Lequel est le plus difficile ?*

*Gardant ses liens à la terre,*
                *elle se relie à son Soi.*
*Chaque pas que fait la femme sage*
                *est un motif sacré.*

_____ Réflexions

Sagesse

## 14. Sagesse

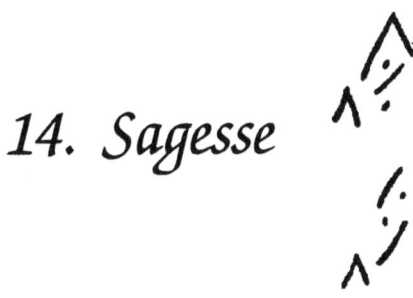

*Si vous cherchez la sagesse,*
   *osez franchir les frontières et*
      *être indépendantes.*
*Asseyez-vous à côté des femmes et des hommes*
   *qui travaillent de leurs mains.*
            *Participez à la vie.*

*Ecoutez les maîtres et parlez avec les autres élèves.*
*Fermez les livres.*
         *La connaissance n'est pas sagesse.*

_____ Réflexions

*Les femmes sages*

# 15. Les femmes sages

*Les femmes sages marchent parmi nous :*
   *sœur,*
         *fille,*
               *amante,*
                    *mère,*
                         *amie.*
*Elles font ce qui doit être fait et*
     *continuent sans attendre de reconnaissance.*

*Les apparences sont trompeuses.*
*Comment pouvez-vous voir avant d'être prête ?*
   *La femme sage ne désire pas*
       *que ses mérites soient reconnus,*
           *de crainte d'être mal comprise.*

*La femme sage sait comment survivre.*
               *Elle assume beaucoup de formes.*

*Si vous voulez la connaître, commencez maintenant.*
   *Marchez dans la rue. Gravissez les montagnes.*
      *Lisez des livres. Parlez aux jeunes filles.*
         *Regardez-vous dans le miroir.*
            *Elle est partout.*

_____ *Réflexions*

*Cycles*

## 16. Cycles

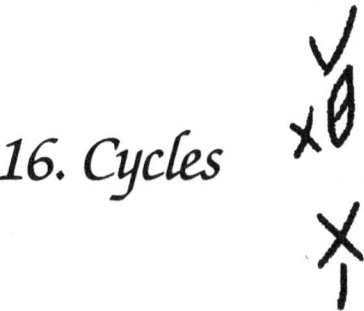

*Avant qu'on puisse se réunir, il faut se séparer.*
*Avant le printemps, il y a l'hiver.*

*Chaque graine a besoin de temps pour pousser ;*
  *chaque femme a besoin d'un moment*
              *pour elle-même.*

*La lune provoque les marées.*
    *Une femme en contact avec son essence*
            *fait bon accueil*
                *aux flux et aux reflux de la vie.*

_____ Réflexions

Obstétrique

## 17. Obstétrique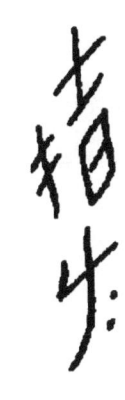

*Pendant l'enfantement,*
    *la femme sage laisse*
            *la mère*
                  *accoucher naturellement.*

*La sage-femme écarte les obstacles,*
        *rassure et se tient en retrait.*

*Après la naissance,*
      *la mère est fière d'avoir accouché sans aide.*

*« Je l'ai fait toute seule »*
          *dit-elle,*
*pendant que la sage-femme part discrètement.*

_____ Réflexions

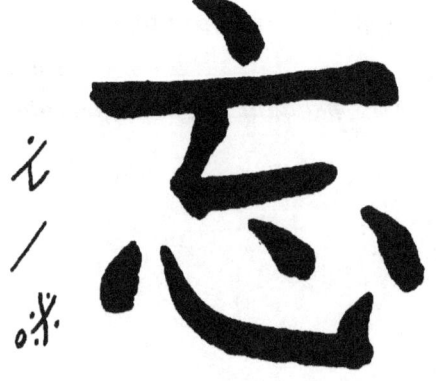

Oublier / Se souvenir

## 18. Oublier / Se souvenir

*Quand les coutumes des femmes sont oubliées,
on n'entend que
les récits des hommes.*

*Sans les récits des femmes,
ne viennent au monde que des héros.*

*Quand seule la moitié de la communauté
comprend le langage,
la sagesse ancienne se perd.*

*Il ne faut pas réinventer la roue à chaque génération.*

_____ Réflexions

*Depuis le centre*

## 19. Depuis le centre

*La femme sage avance du centre*
                *vers l'extérieur.*
*Elle fait ce qu'il faut faire.*

*Laissez tomber les devoirs et le travail continue.*
*Laissez tomber les rôles et tout le monde peut participer.*

*Travaillant depuis son centre,*
            *la femme sage rencontre peu d'opposition.*

*La vie continue.*

_____ *Réflexions*

*Solitaire*

## 20. Solitaire

*Quand on ne s'en inquiète plus, les problèmes disparaissent.*
*Que vous gagnez ou perdez, quelle importance ?*
*Est-il vraiment important de suivre la foule et*
    *d'imiter les autres ?*

*Même si les autres abandonnent leur identité pour se calquer*
        *sur des images toutes faites, peu m'en importe.*
*Je reste aussi innocente que les enfants.*

*Même si les autres possèdent des choses,*
*je reste vide et sans demeure.*
        *Mon esprit reste ouvert.*

*D'autres femmes brillent ; je suis terne.*
*D'autres femmes sont tranchantes ; je suis émoussée.*
*D'autres femmes ont un but dans la vie ; j'en cherche encore.*

*Je suis emportée comme la neige dans le blizzard.*
*Je n'ai ni but, ni voie.*

*Pourtant, dans ma différence,*
        *je suis toujours reliée à la terre.*

_____ *Réflexions*

*Pensée*

## 21. Pensée

La lune n'est pas apprivoisée
　　　　parce qu'on lui a donné un nom.
Les marées viennent et vont encore comme d'ordinaire.

Obscure, insondable et mystérieuse,
　　　　la faculté de penser
est directement proportionnelle à la force de la Source.

L'une ne peut exister sans l'autre. Les obstacles entravent.

# Réflexions

*Refléchir*

## 22. Refléchir

Fracasser le miroir ne fait pas disparaître l'image.

Chaque fragment contient le tout.

Chaque graine contient le germe de la croissance.

La femme sage reflète toutes les promesses des choses.

_____ Réflexions

*Incarnation*

## 23. Incarnation

*Faites confiance à vos instincts.*
*Ils symbolisent vos véritables réactions*
*à ce qui vous entoure.*

*Quand la vie vous fait mal, acceptez votre chagrin*
*et votre tristesse.*
*Quand la vie vous offre de la joie,*
*fêtez votre bonheur.*

*La femme sage incarne la grâce de cet instant,*
*puis passe au suivant.*

_____ *Réflexions*

*Fondation*

## 24. Fondation

*Voulant trop faire, elle brise ses attaches.*
*Trop occupée, elle n'a pas de temps.*
*S'occupant des autres, elle se néglige.*

*Ne se définissant qu'à travers les autres, elle s'estompe.*

*La femme sage arrose d'abord son jardin.*

## Réflexions

*Source*

## 25. Source

*Le cerf cherche la source de son musc,*
    *la femme la source de sa force.*
*Quand elle l'attribue aux autres, elle leur donne du pouvoir.*
*Quand elle arrête sa quête, elle accepte la vérité.*

*Imaginez la réussite,*
    *si elle commence sa quête par elle-même,*
        *dans sa demeure.*

_____ *Réflexions*

*Chez soi*

## 26. Chez soi

L'obscurité est la source de la lumière.
L'immobilité est le commencement du mouvement.

La femme sage peut voyager sans même quitter son foyer.
Même s'il y a beaucoup de distractions,
           elle reste centrée sur son soi.

Pourquoi une femme sage courrirait-elle affolée çà et là ?
Quand on n'a plus d'attaches, on oublie où est son foyer ;
    quand on se laisse influencer par les autres,
        on perd le contact avec soi-même.

_____ Réflexions

*Voyager*

## 27. Voyager

Même le désert a des présents
        pour ceux qui essayent de le traverser.
Le chameau progresse à sa juste allure.

Tracez votre route.
    Organisez votre voyage.
        Perdez-vous dans les tours et les détours de la vie.
Suivez le chemin le moins emprunté et
        atteignez chaque jour votre but.

S'égarer est question de point de vue.
Soyez prêtes, mais voyagez avec peu de bagages.

_____ *Réflexions*

*Contraires*

## 28. Contraires

*Dans la danse de la vie, les contraires créent le jeu.*
  *L'homme n'est pas meilleur que la femme ;*
    *la lumière n'est pas meilleure que l'obscurité.*
*Les deux sont indispensables à l'ensemble.*

*Si vous ne voyez que les différences,*
    *vous perdez votre perspective.*
  *Gravissez la montagne pour voir les vallées.*
      *Les deux vous enseignent des leçons.*

*En admirant la statue, la femme sage perçoit la pierre.*
      *Les possibilités deviennent infinies*
  *quand on réfléchit aux origines.*

_____ Réflexions

*Saisons*

## 29. Saisons

Fêtez les saisons de votre vie :
    petite fille,
        adolescente,
            femme,
                vieillarde.
Imitez la Mère Nature, comme si vous aviez le choix.

Toutes les choses ont un temps.
Ne poussez pas la rivière ; ne la bloquez pas ;
        elle coule à son rythme.

_____ *Réflexions*

*Courage*

## 30. Courage

*Les femmes, s'aventurant dans l'inconnu,
    ouvrent des chemins pour celles qui viendront après.
Faire quelque chose la première fois fait naître des
    occasions pour que les autres le fassent aussi.
        C'est moins risqué.*

*Les femmes sages se souviennent de leurs grand-mères,
        et cependant elles suivent
                leur propre route.
C'est le Tao des femmes d'être exploratrices.*

_____ *Réflexions*

*Silence*

## 31. Silence

*Le silence est l'arme des oppresseurs.*
*                  Parlez fort !*
*Qui dira notre vérité, si ce n'est vous ou moi ?*
*                  Parlez fort !*
*Si personne n'entend nos paroles,*
*                  qui apprendra notre langue ?*
*                  Parlez fort !*
*Si personne n'apprend notre langue,*
*                  qui nous comprendra ?*
*                  Parlez fort !*
*Si personne ne nous comprend, nous serons ignorées.*
*                  Parlez fort !*

*Entourez-vous de femmes et dites votre vérité.*
*Les hommes et les femmes écouteront.*

*Qui rompra le silence ?*
*                  Parlez fort !*
*Qui apprendra à nos filles, si ce n'est vous et moi ?*
*                  Parlez fort !*

_____ Réflexions

Femmes et hommes : le Tao

## 32. Femmes et hommes : le Tao

Les hommes et les femmes sont le miroir du Tao.
        Quand on travaille ensemble,
la somme des parties est plus considérable que l'ensemble.

L'homme n'est pas plus grand,
        la femme n'est pas plus belle ;
les mots ne sont que des lueurs de la personne qui parle.
Les fleuves suivent chacun son lit,
        uniquement pour se rencontrer dans l'océan.
La terre accueille le soleil à la fin de chaque jour.

Le soleil à l'apogée se lève ou se couche :
        c'est vous qui décidez du sens.

_____ Réflexions

*Connais-toi toi-même*

## 33. Connais-toi toi-même

Cherche la sagesse de connaître les autres.
Reste tranquille et connais-toi toi-même.
        Inspire.

Organise ta vie.
Reste tranquille et regarde les modèles.
        Expire.

Etablis tes priorités et tes objectifs.
Reste tranquille et tu verras le chemin.

Inspire, expire. Inspire, expire.

Reste tranquille.
Alors, entre tes souffles, connais-toi toi-même.

_____ Réflexions

Mystères féminins

## 34. Mystères féminins

La lumière suit l'obscurité ; l'obscurité succède à la lumière.
Les cycles lunaires ne reflètent que
des fragments de l'ensemble ;
les modèles instinctifs renvoient l'écho de la lune.
Faites confiance à votre intuition
pour vous conduire chez vous.

Pas plus que la lune, pas moins que le soleil.
Des mystères insondables,
célébrés par les initiées, il y a longtemps.

# Réflexions

*Suivre la voie sacrée*

## 35. Suivre la voie sacrée

Il n'y a aucune voie
    qui n'ait pas déjà été suivie par les femmes
        qui vous ont précédées.
  Vous n'êtes pas seule sur cette voie.

Déméter, Perséphone, Athène,
    Pénélope, Diane, Déborah, Cécile.
Toutes ont été là avant vous.
  Vous n'êtes pas seule sur cette voie.

Leurs voyages, leurs vies, leurs récits restent,
        pour vous guider.
Ecoutez les femmes qui ont suivi cette voie avant vous
  et vous ne vous perdrez pas.

_____ *Réflexions*

*La façon de faire des femmes*

## 36. La façon de faire des femmes

Elle laisse la fille, assise auprès d'elle, faire le premier point.
La femme sage ne se précipite pas pour le défaire.
Elle sourit, elle dit merci et continue à coudre.

Les filles prennent exemple sur les mères.
                    Agissez avec sagesse.

Les filles observent.

_____ Réflexions

Transformation

## 37. Transformation

Faites davantage en faisant moins.
La vie se transforme pendant les périodes d'inactivité.
Ne faites rien,
   et vous commencerez à connaître le Tao des femmes.

_____ *Réflexions*

*Scénarios*

## 38. Scénarios

*La femme sage joue le rôle qu'on lui attribue,*
    *mais crée son propre scénario.*
  *Elle accepte la vérité et*
      *n'essaye pas d'entretenir les illusions.*

*Sans se limiter, elle ne blâme pas les autres.*

*Elle peut créer ses propres aventures.*

_____ Réflexions

Fragments

## 39. Fragments

La femme sage reconnaît l'ensemble dans chaque fragment.
Rien n'est gaspillé dans la vie.
Tout a un rôle et une place.

Dans une tempête, chaque flocon de neige est unique.
Chaque carré d'un patchwork est différent.
Ensemble, ils recouvrent la terre.
Séparés, le motif n'existe plus.

La femme sage regarde chaque pièce
avec compassion et espoir.
Elle sait que chacune contribue à l'ensemble.
Telle une grande couturière,
elle assemble les pièces et les morceaux
pour créer la vie autour d'elle.

## Réflexions

*Retour*

## 40. Retour

Une fois qu'on a bravé les dragons,
  quand on a traversé les déserts et
    quand on a défriché les sentiers de la forêt,
c'est le moment de rentrer.

Choisissez avec sagesse.
Rassemblez vos présents et n'oubliez pas vos leçons.
Vous êtes fragile maintenant. Soyez douce avec vous-même.

De l'extérieur – rentrez.
                De l'intérieur – sortez.
Les frontières sont perméables, mais dangereuses.
   Les souvenirs sont conservés et les leçons oubliées.

Recherchez d'autres gens de passage et
                faites entendre vos vérités,
   sinon elles seront oubliées.

## Réflexions

*La voie*

## 41. La voie

La femme sage qui entend parler du Tao
                            commence à suivre sa voie.
La femme ordinaire réfléchit à la route à suivre.
La femme insensée n'en voit que les obstacles.

Certaines disent que la voie est obscure et infinie.

La femme sage poursuit son voyage,
                   créant la lumière dans l'obscurité et
une route là où il n'y avait aucune.

L'empreinte de ses pas indique le chemin.

_____ *Réflexions*

*Communauté d'une âme*

## 42. Communauté d'une âme

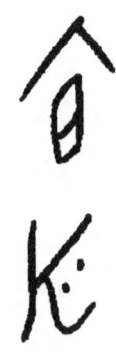

*L'un crée les deux.*
    *Les deux créent le troisième.*
        *Toutes les choses sont nées de la femme.*
*Le mâle et la femelle œuvrant en harmonie,*
    *les contraires se rencontrent,*
        *rendent possible la véritable union.*
            *Les possibilités sont infinies.*

*Beaucoup de gens n'aiment pas être seuls.*
*La femme sage utilise l'isolement pour percevoir la solitude.*
*N'oubliant pas son rôle dans l'ordre des choses,*
    *elle connaît sa connexion à l'ensemble du monde.*

_____ *Réflexions*

*Douceur*

## 43. Douceur

Les femmes emploient la douceur et
    viennent à bout de la rudesse.
Quand la souplesse existe,
        on peut accepter l'autre.
    La douceur est précieuse.

Le roseau se plie et tient bon sous le vent.
La mousse, poussant dans l'obscurité,
          indique le chemin.

La femme sage, comme le courant,
      polit même la pierre la plus irrégulière.

_____ *Réflexions*

*Contentement*

## 44. Contentement

*Qu'est-ce qui est plus important pour vous :
être célèbre ou être honnête ?
Qu'est-ce qui est plus précieux pour vous :
être riche ou être content ?
Qu'est-ce qui est plus difficile pour vous :
réussir ou échouer ?*

*Si vous comptez sur les autres pour être contente,
vous ne pourrez pas l'être.
Si la satisfaction dépend de la richesse,
vous ne serez pas contente de vous-même.*

*Quand vous vous contentez des choses telles qu'elles sont,
vous pouvez fêter ce que vous avez.
Quand vous vous rendez compte que rien ne manque,
votre monde est en harmonie.*

_____ Réflexions

Faire le travail du Tao

## 45. Faire le travail du Tao

Quand on travaille avec des fragments,
    on peut difficilement voir l'ensemble.
Le travail peut sembler impossible,
               mais l'impossible arrive.

Le travail quotidien paraît ennuyeux,
      mais les besognes sont achevées tôt ou tard.

La femme sage se retire,
        en laissant les choses suivre
                leur rythme.

Réflexions

Peur

## 46. Peur

La femme sage est prudente devant l'inconnu.
    La peur ne l'empêche pas de s'aventurer plus loin.

Utilisant l'énergie générée par la peur,
                elle métamorphose ses rêves en sécurité.
Elle amène ses enfants avec elle.

En créant la sécurité, on n'a plus rien à craindre.

Les hommes et les femmes vivent en harmonie.

## Réflexions

*Se fier aux émotions*

## 47. Se fier aux émotions

Quand on ne juge pas ses sentiments,
    on peut percevoir tout un univers de promesses.
En faisant confiance à ses émotions,
      on peut comprendre le Tao des femmes.

Plus vous rassemblez des évidences,
      plus il est difficile de comprendre.

      Sans se mettre en route, la femme sage commence son voyage.
      Elle fait confiance à ses émotions et comprend sans s'efforcer.

_____ Réflexions

Rituels

## 48. Rituels

Quand on étudie le sacré,
        on réalise l'existence du profane.
On fait naître une différence.
    L'un devient meilleur que l'autre.

Quand l'ordinaire devient sacré,
        toute la vie est honorée.
    Les tâches quotidiennes deviennent rituels.

Agir tout en ne faisant rien, c'est le Tao de la femme.

_____ *Réflexions*

*Famille*

## 49. Famille

*Elargissant ses parentés,*
*    la femme sage accepte toute l'humanité.*
*En accord avec les mères de partout,*
*    elle crée des villages pour élever tous les enfants.*

*Quand la famille est perturbée,*
*                c'est elle qu'on blâme*
*    et elle travaille encore plus dur.*

*Quand la famille est harmonieuse,*
*                  elle exprime sa gratitude*
*    pour leurs achèvements.*

*    C'est la mère de la famille humaine.*

_____ Réflexions

Les rythmes de la vie

## 50. Les rythmes de la vie

La femme sage s'abandonne
               aux cycles et aux rythmes de la vie.
Elles sait que tout a une fin
   et elle peut renoncer à tout.

Dans son esprit, il n'y a pas de fantasmes,
          pas de futilités dans son corps.
Elle ne manque pas de naturel ;
               elle agit en écoutant son cœur.

Elle ne renonce pas à vivre ;
      elle connaît sa propre mortalité.
          Elle sait qu'une rose retourne à la terre
   quand ses pétales sont fanées.

_____ Réflexions

La Mère Nature

## 51. La Mère Nature

Quand vous cherchez le Tao,
    regardez la Mère Nature.
Fleuves allant vers la mer,
    arbres changeant avec les saisons,
        la terre qui produit la nourriture,
            le cactus qui fleurit dans le désert.

La femme sage s'accroche instinctivement à ses racines.
Le Tao des femmes suit la Mère Nature.
La compréhension suit l'ordre des choses.

_____ *Réflexions*

*Trouvez votre voie*

## 52. Trouvez votre voie

Le Tao est le commencement.
  Tout vient de lui, tout y retournera.

Pour trouver votre voie, revenez au commencement.
Vous devez remonter la voie que vous avez suivie.

Quand vous voyez des enfants,
    suivez-les jusqu'à leurs parents.
        Votre chagrin disparaîtra
  quand vous vous souviendrez de vos origines.

Quand vous voyez à travers l'obscurité,
  il y a de la lumière.
  Quand vous vous retirez, vous êtes fort.
  Regardez en vous et trouvez votre voie.

La vie n'est pas toujours telle qu'elle paraît.
  Ne jugez pas et ne vous laissez pas tromper
      par des apparences.

    Vous êtes sur la bonne voie.

_____ *Réflexions*

*Restez sur la voie quand vous avez perdu votre chemin*

## 53. Restez sur la voie quand vous avez perdu votre chemin

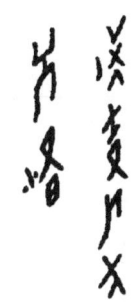

Si vous avez perdu votre chemin, restez calme
    jusqu'à ce que vous le retrouviez.
Il y a quelque chose en vous
    qui sait dans quelle direction aller.

Si la route est large, marchez côté à côté.
    Quand la route est étroite, marchez seule.
    Les ponts que vous traversez ont été bâtis
        par une personne qui connaît le chemin.

Quand il y a des riches, et que d'autres ont faim,
    quand les ressources ne sont pas dépensées
        pour les enfants, mais pour des bombes,
le chemin est perdu et la voie oubliée.

Restez calme et souvenez-vous.
Dans le silence, vous trouverez votre chemin.

_____ *Réflexions*

*Les femmes qui vous ont précédés*

## 54. Les femmes qui vous ont précédés

Les femmes qui vivent d'après le Tao
　　　　　　　　　ne seront pas oubliées.
　Les femmes qui marchent avec le Tao ne se perdront pas. Leurs noms seront inscrits dans les mémoires : celles qui nous ont précédées.

　Quand vous introduisez le Tao dans votre vie, vous devenez celle qui vous étiez censé être. Quand le Tao est présent dans votre famille, il la nourrira. Quand le Tao est présent là où vous vivez, votre maison deviendra un endroit qui montrera l'exemple aux autres endroits de la planète. Quand le Tao est présent dans le monde, on peut entendre le chant universel.

　Comment cela peut-il être vrai ? Regardez en vous. Ecoutez celles qui vous ont précédées. Ecoutez votre voix, qui prononce les paroles de votre mère.
　Les femmes qui ont vécu avant vous
　　　　　　　　　ne sont pas oubliées.

*Le Tao de la femme*

_____ Réflexions

*Immunité naturelle*

## 55. Immunité naturelle

Celle qui va avec le Tao
      ressemble à un jeune arbre.
Le tronc est flexible,
      l'écorce est tendre,
  mais ses racines sont fermement plantées dans la terre.
Il ne sait pas comment sont conçus les bébés,
      et pourtant il porte en lui une nouvelle vie.
Il peut se plier éternellement sous le vent sans être renversé,
      car il est en harmonie avec la terre.

   Les femmes sages sont naturellement immunes.
Elles laissent tout abonder et décliner sans effort,
      sans l'imposer.
Elles laissent aller les espérances et n'ont jamais de peine.
  C'est pourquoi leur esprit vit pour l'éternité.

_____ Réflexions

Esprit créateur

## 56. Esprit créateur

On capte l'énergie de la muse quand on s'arrête
    pour écouter son silence intérieur.
Créant des étincelles dans les braises à peine rougeoyantes,
    elle est tout près.

Le soi attend d'éclore.
    Regardez les mains du potier,
        les yeux du tisserand,
            les techniques du vannier.

L'esprit créateur survit dans les œuvres des femmes.

_____ Réflexions

*De l'ordinaire à l'héroïque*

## 57. De l'ordinaire à l'héroïque

Si vous vous intéressez aux hommes et aux femmes, soyez conscient du Tao. Quand vous arrêtez de faire des efforts et relâchez votre étreinte sur les autres, la vie prend soin d'elle-même.

Plus vous établissez des règles, moins les gens les suivent. Plus vous possédez d'objets, moins vous vous sentirez en sécurité. Plus vous prenez soin des autres, moins les gens prendront soin d'eux-mêmes.

La femme sage dit : « J'oublie les règles, et les gens suivent les leurs. Je ne contrôle pas les cordons de la bourse et les gens gagnent leur argent. Je ne prêche pas une religion et les gens deviennent plus spirituels. Je n'essaye pas de rendre tous les gens meilleurs et ils le deviennent d'eux-mêmes. »

La femme héroïque, dirigeant sa vie de façon ordinaire, accomplit l'extraordinaire.

Générations de femmes enseignant aux enfants, produisant la nourriture, cousant des vêtements, créant des foyers.

Qu'y a-t-il de plus héroïque ?

*Le Tao de la femme*

_____ Réflexions

*Se trahir soi-même*

## 58. Se trahir soi-même

Quand les femmes sont traitées avec respect, tous les gens sont respectés. Quand les femmes sont opprimées, tous les gens deviennent refoulés et malhonnêtes.

Quand les gens détenant le pouvoir en attendent beaucoup, de piètres résultats arrivent. Quand vous essayez de donner de l'espoir aux gens, vous les préparez au mécontentement. Quand vous essayez de rendre les gens honnêtes, vous préparez les bases de la malhonnêteté.

La femme sage se contente d'être un modèle et n'essaye pas de contrôler les autres. Elle est acérée, mais ne poignarde personne. Elle est directe, mais avec modestie.
Elle brille d'un vif éclat, mais n'aveugle pas les autres.

Plus que tout, respectez-vous. Donnez votre temps, votre énergie, votre argent, mais pas votre âme.

Quand vous vivez pour un autre, vous n'avez pas de vie propre. Quand vous vous trahissez vous-même, il ne vous reste rien.

Qui respectera celles qui ne se respectent pas elles-mêmes ?

Réflexions

*Education*

## 59. Éducation

L'éducation est importante pour commander.
   Il faut de la compassion pour diriger.
      La patience est précieuse et pénètre tout.
La fermeté et l'engagement sont forts, mais souples.

L'oiseau nourrit ses jeunes par instinct.
      Tout est possible.

_____ Réflexions

Incubation

## 60. Incubation

*La femme sage sait*
        *que pour faire un bon soufflé*
  *elle ne doit ni ouvrir trop tôt la porte du four,*
      *ni secouer le plat.*

*Laissez-vous le temps et l'espace*
     *pour atteindre votre potentiel global.*
*Quand votre force s'accroît, le mal ne peut plus vous nuire.*
        *Vous avez appris à l'éviter.*

*Ne devenez pas victime, et l'oppression s'arrêtera.*

_____ Réflexions

Réceptif

## 61. Réceptif

Les ruisseaux et les fleuves
　　　　sont accueillis dans l'océan.
　　　En acceptant tout le monde, personne n'est exclu.
　　　Quand on se sait partie de quelque chose
　　　　　　plus grand que soi, on peut se détendre.

Le fleuve déborde
　　　　quand ses berges ne le contiennent plus.
　　　Respectez vos limites ; n'en faites pas plus.

_____ *Réflexions*

*Racontez les histoires*

## 62. Racontez les histoires

*Les coutumes des femmes sont le centre du monde.*
　*Les femmes sages les apprécient ;*
　　*les insensées les évitent.*

*On peut obtenir des décorations par un travail exceptionnel ;*
*on peut gagner des honneurs en se surpassant ; néanmoins,*
*les coutumes des femmes sont au-dessus de la récompense*
　　*et il est impossible de les acheter ou de les gagner.*

*Quand vous trouvez une femme exceptionnelle,*
　　*asseyez-vous auprès d'elle.*
　　　　*Regardez-la et écoutez-la*
*tisser ses histoires dans votre vie.*

*Pourquoi nos aînées nous sont-elles précieuses ?*
*Elles gardent les histoires qui unissent nos familles.*

_____ Réflexions

*Discrimination :
sélectionner les graines*

# 63. Discrimination : sélectionner les graines

*Existez sans agir ; travaillez sans effort.*
*Considérez l'individu universel,*
 *et toutes les femmes parentes.*
 *Affrontez le difficile tant qu'il est encore facile.*
 *Achevez les besognes qui trainent en longueur*
  *par de brèves actions.*

*La femme sage n'espère pas la grandeur.*
 *On la remarque quand l'adversité apparaît.*
  *Elle s'occupe des détails et le problème est résolu.*

# Réflexions

*Commencements sans fins*

## 64. Commencements sans fins

Ce qui a commencé déjà est simple à élever.
 Ce qui est nouveau est facile à changer.
  Ce qui est rigide est facilement brisé.
   Ce qui s'est détaché peut être deplacé.

La prévention est plus facile
 avant qu'apparaissent les difficultés.
 L'organisation vient avant le début des choses.
  Le chêne sort d'un gland.
 Un long voyage commence par un pas.

Quand on précipite les commencements, on échoue.
 En essayant de contrôler, on perd le contrôle.
  Forcer la fin détruit l'achèvement naturel.

La femme sage agit en participant à la révélation.
 Elle y reste sereine.

# Réflexions

## Modèles simples

## 65. Modèles simples

Les femmes sages n'essayent pas
    de changer les gens, mais montrent
            l'exemple à suivre.
    Quand les gens pensent savoir ce qui est juste,
        il est difficile de les changer.
    Quand les gens comprennent qu'ils ne savent pas,
            ils peuvent commencer à changer.

Si vous voulez connaître les femmes,
    n'essayez pas de les contrôler ou de les diriger.
            La façon normale est la plus simple.
    Quand vous êtes en paix avec l'incontestable,
        vous pouvez aider les gens à trouver le chemin
                jusqu'à leur véritable soi.

# Réflexions

*Collaborer*

## 66. Collaborer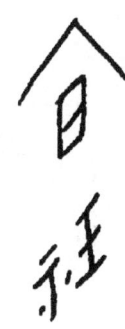

*Travaillant en harmonie avec les autres,*
　　　*la femme sage peut accomplir de grandes choses.*
　　*Telle a toujours été la coutume des femmes.*
*Cousant des patchworks,*
　　*tressant des paniers,*
　　　*cultivant la terre,*
　　　　*sa communauté est une famille.*

*L'isolement est malsain,*
　　*pour l'individu et pour la communauté.*
*Il vaut mieux ne pas oublier les anciennes coutumes.*

_____ Réflexions

Présents à soi-même

## 67. Présents à soi-même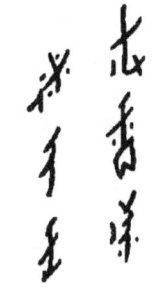

*Au cours de sa vie, la femme sage a trois devoirs :*
  *apprendre à se connaître soi-même,*
    *apprendre à se faire confiance et*
      *apprendre à prendre des risques.*

*Se connaissant elle-même,*
  *elle apprend à connaître les autres.*
*Se faisant confiance,*
  *elle apprend à faire confiance aux autres.*
*Prenant des risques,*
  *elle trouve le courage de lâcher prise.*

*La femme sage reçoit les meilleurs présents d'elle-même.*

_____ Réflexions

*Esprit enjoué*

## 68. Esprit enjoué

*Les enfants inventent les règles en jouant ;*
   *ils colorient en dehors des lignes*
      *et créent des compagnons de jeu imaginaires.*

*L'imaginaire devient réel.*
      *Le réel est imaginaire.*
           *Il n'y a pas de frontières.*

Réflexions

*Patience*

## 69. Patience

Quand il plante une graine,
le jardinier n'attend pas des résultats immédiats.
Il faut beaucoup de choses pour préparer la culture.

Pour avancer il faut souvent reculer.
En cédant, la femme sage gagne du terrain.

_____ Réflexions

Spiritualité

## 70. Spiritualité

*Les coutumes des femmes sont spirituelles et terrestres.
Comment entend-t-on cela ?*

*Testant ses croyances et suivant son intuition,
la femme sage honore les parentés
qui lui ont été transmises.*

_____ Réflexions

Guérison

# 71. Guérison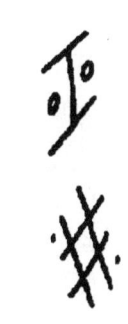

*Le vide donne l'occasion de grandir.*
  *La matrice est-elle remplie de vide ?*

*Quand une femme accepte ses problèmes,*
  *elle est prête à commencer sa guérison.*

*La crise est une occasion.*
  *La femme sage perçoit la vérité*
    *et est prête à devenir entière.*
  *La guérison se produit après la blessure.*

_____ Réflexions

Modelage

## 72. Modelage

Quand les gens oublient leur sagesse,
                          ils cherchent des chefs.
Quand ils ne font pas confiance à leur sagesse,
                ils sont dépendents des messagers.

La femme qui sait prend ses distances,
                 pour qu'il n'y ait pas de méprise.
    Elle module le message,
pour que les autres puissent découvrir leur propre sagesse.

_____ Réflexions

La toile du monde

# 73. La toile du monde

Les femmes du Tao sont en paix.
Elles survivent sans s'opposer,
    parlent sans paroles,
        savent quand partir
            et vivent sans contrôler.

Le Tao est la toile du monde.
    Malgré les espaces entre les fils,
            rien ne tombe à travers.

Saisir ce qui est nécessaire,
        le faire bien valoir
            et y renoncer facilement.
        Liaisons.

Le Tao des femmes.

_____ Réflexions

*Changement*

## 74. Changement

*Quand les femmes savent que tout change,*
 *elles peuvent lâcher prise.*
*Si on n'a pas peur de perdre, tout est possible.*

*Quand vous essayez d'empêcher le changement,*
 *c'est comme essayer d'être le Créateur.*
 *Jouer ce rôle accroît le risque de perdre.*

_____ *Réflexions*

*Couper le cordon*

## 75. Couper le cordon

Quand le prix est trop élevé,
　　　　les gens s'en passent.
　Quand le pays est trop répressif,
　　　　les femmes perdent leur liberté.

Quand les gens travaillent ensemble,
　　　ils peuvent créer la chance.

_____ Réflexions

Subtilités

## 76. Subtilités

*Les femmes survivent en s'adaptant ;*
        *rigides, elles sont fragiles et se brisent.*

*Tout ce qui réagit s'adapte à l'environnement.*
*Tout ce qui est incapable de céder*
        *prédit échec et mort.*

*Les femmes souples et subtiles préservent une façon de vivre.*
    *Celles rigides et butées ne survivront pas.*
        *Celles souples et douces continueront.*

_____ Réflexions

Stabilité

## 77. Stabilité

Le Tao est comme une danse dans le monde.
　　La musique équilibre le mouvement de la danse.
　　　　Les deux sont nécessaires à la stabilité.

Ceux qui essayent de modifier l'équilibre
　　pour protéger leur pouvoir vont contre le Tao.
Ils avancent trop vite et n'écoutent pas la musique.
　　　　　Le pouvoir change l'ordre naturel.

La femme sage continue à danser,
　　　　　　car sa musique est sans fin.
　Elle bouge sans y penser,
　　　continue sans effort
　　　　　et accepte les contributions des autres.

La nature fournit l'équilibre : on crée l'harmonie.
　Fermement ancrée dans la terre,
　　　la femme sage peut bouger
　　　　　sur le rythme de sa propre musique.

_____ *Réflexions*

*La puissance du féminin*

# 78. La puissance du féminin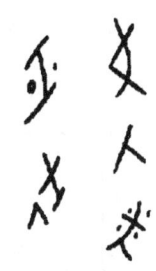

*L'eau reflue, bien qu'elle puisse user les roches et les pierres.*
  *La douceur épuise la rudesse.*
    *Le facile survit au difficile.*
*Tous les gens savent que c'est vrai,*
      *et pourtant peu pratiquent la bonté.*

*La femme sage continue, malgré la difficulté.*
  *En renonçant au rôle secondaire,*
    *elle devient le plus grand appui des autres.*

*La puissance du féminin est incroyable.*

_____ *Réflexions*

*Responsabilité pour soi*

# 79. Responsabilité pour soi

Assumant la responsabilité pour sa vie,
 la femme sage ne veut pas être une victime ;
  elle oublie ses blessures
   et raconte une histoire différente.

S'enliser dans le blâme ne met pas fin aux représailles.
La vie peut être injuste pour ceux
 qui ne sont pas conscients de la promesse de croissance.

_____ Réflexions

*Etablir des priorités : dire non*

## 80. Établir des priorités : dire non

Essayez de passer à gué un vif ruisseau,
 lesté par les manteaux des attentes sociales,
  et vous vous noierez.

La femme sage apprend à dire « non »
 pour que les enfants se prennent en charge.
  Elle sait que c'est bien ainsi.
Agir pour les autres génère la dépendance et le ressentiment.

_____ Réflexions

*Les femmes qui savent*

## 81. Les femmes qui savent

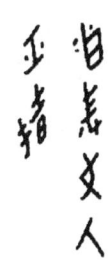

Les femmes qui savent reviennent pour saluer
                    les femmes qui les suivent.
            Les femmes sages se reposent,
sachant que la liberté naît du voyage même.

Le Tao des femmes nourrit ; le chemin est bien entretenu.

# Bibliographie

Aburdene, P. et J. Nasbitt – *Megatrends for Women*, New York, Villard Books, 1992

Allen, Paula Gunn – *Spider Woman's Granddaughters : Traditional Tales and Contemporary Writing by Native American Women*, New York, Ballantine Books, 1989

Anderson, Sherry Ruth et P. Hopkins – *The Feminine Face of God, the Unfolding of the Sacred in Women*, New York, Bantam Books, 1991

Armstrong, Christopher – *Evelyn Underhill : An Introduction to Her Life and Writings*, Oxford, A.B. Mowbray & Co Ltd, 1975

Balzac, Honoré de – *Séraphita*, Paris, Werdet, 1835

Barber, Elizabeth Wayland – *Womens's Work : The First 20,000 Years*, New York, W.W. Norton & Co, 1994

Bateson, Mary Catherine – *Composing a New Life*, New York, A Plume Book, Penguin Group, 1989

Bateson, Mary Catherine – *Peripheral Visions*, New York, Harper Collins, 1994

Belenky, M. – *Women's Ways of Knowing : the Development of Self, Voice and Mind*, New York, Basic Books, Harper Collins, 1986

Bolen, Jean Shinoda – *Crossing to Avalon*, San Francisco, Harper, 1994

Bolen, Jean Shinoda – *Goddesses in Everywoman : Psychology of Women*, San Francisco, Harper and Row, 1984

Bolen, Jean Shinoda – *La Tao de la Psychologie*, Paris, Mercure de France, 1983

Boulding, E. – *The Underside of History*, Boulder, Colorado, Westview Press Inc., 1976

Brennan, S. et J. Winklepeck – *Resourceful Woman*, Detroit, Michigan, Visible Inc., 1994

Brown, R.M. – *Starting from Scratch*, New York, Bantam Books, 1988

Brown, Lyn Mikel et Carol Gilligan – *Meeting at the Crossroads : Women's Psychology and Girl's Development*, New York, Ballantine Books, 1992

Bruchae, Carol, Linda Hogan et Judith McDaniel – *The Stories We Hold Secret : Tales of Women's Spiritual Development*, Greenfiels City, New York, Greenfield Review Press, 1986

Bukovinsky, Janet – *Women of Words : A Personal Introduction to Thirty-five Important Writers*, Philadelphia, Running Press, 1994

Cameron, Anne – *Daughters of Copper Woman*, Vancouver, British Columbia Publishers, 1981

Campbell, Joseph – *Le héros aux mille et un visages*, Paris, R. Laffont, 1977

Campbell, Joseph et Charles Muses – *In All Her Names, Explorations of the Feminine in Divinity*, San Francisco, Harper, 1991

Capra, Fritjof – *La Tao de la physique*, Paris, Sand, 1985

Carter, Angela – *The Old Wives Fairy Tale Book*, New York, Pantheon Fairy Tale & Folklore Library, 1990

Castillejo, Irene Claremont de – *Knowing Woman : A Feminine Psychology*, New York, Harper Colophon Books, 1973

Chesler, Phyllis – *Les femmes et la folie*, Paris, Payot, 1975

Chernin, Kim – *Reinventing Eve : Modern Woman in Search of Herself*, New York, Times Books, Random House, 1987

Christ, Carol P. – *Diving deep and Surfacing : Women on Spiritual Quest*, Boston, Beacon Press, 1980

Conway, Jill Ker – *True North*, New York, Alfred A. Knopf, 1994

Cooper Patricia et Allen & Norma Bradley – *The Quilters : Women and Domestic Art, An Oral History*, New York, An Anchor Book, Doubleday & Company Inc, 1989

Dalton, Jerry – *The Tao Te Ching : Backward Down the Path*, Atlanta, Georgia, Humanics New Age, 1994

Dillard, Annie – *La vie, en écrivant*, Paris, C. Bourgeois, 1996

Dreher, D. – *The Tao of Peace*, New York, Donald I. Fine Inc., 1990

Duerk, Judith – *Circle of Stones : Woman's Journey to Herself*, San Diego, Luramedia, 1989

Duncan, Isadora – *Ma vie*, Paris, Gallimard, 1928

Edgerly, Lois Stiles – *Women's Words, Women's Stories. An American Daybook*, Gardiner, Maine, Tilbury House, 1994

Eliade, Mircea – *Naissances mystiques, essais sur quelques types d'initiation*, Paris, Gallimard, 1959

Feng, G. et J. English – *Lao Tsu : Tao Te Ching*, New York, Alfred A. Knopf Inc., 1972

Fields, R. – *Couper du bois, porter de l'eau*, Montréal, Ed. Le Jour, 1990

Fierz-David, Linda – *Women's Dionysian Initiation : The Villa of Mysteries in Pompeii*, Dallas, Spring Publications, 1988

Flagg, Fannie – *Beignets de tomates vertes*, Paris, J'ai Lu, 1992

French, David – *In Search of the Real Me : Achieving Personal Balance*, Atlanta, Georgia, Humanics New Age, 1992

Gilligan, Carol – *Une si grande différence*, Paris, Flammarion, 1986

Goldberg, N. – *Long Quiet Highway*, New York, Bantam Books, 1993

Goldberg, N. – *Wild Mind*, New York, Bantam Book, 1990

Goldberg, N. – *Writing Down the Bones*, Boston, Shambhala, 1986

Grigg, Ray – *The Tao of Being : A Think and Do Workbook*, Atlanta, Georgia, Humanics New Age, 1994

Grigg, Ray – *The Tao of Relationships : A Balancing of Man and Woman*, Atlanta, Georgia, Humanics New Age, 1988

Haggard, H. Rider – *Elle*, Paris, G. Crès, 1920

Hall, Nor – *The Moon and the Virgin : Reflexions on the Archetypal Feminine*, New York, Harper and Row Publishers, 1980

Hall, Nor – *Mothers and Daughters*, Minneapolis, Rusoff Books, 1976

Harding, M. Esther – *Woman's Mysteries Ancient and Modern*, New York, G.P. Putnam's Sons, 1971

Heider, John – *The Tao of Leadership*, Atlanta, Georgia, Humanics New Age, 1986

Heilbrun, Carolyn Gold – *Hamlet's Mother and Other Women*, New York, Ballantine Books, 1990

Heilbrun, Carolyn Gold – *Writing a Woman's Life*, New York, Ballantine Books, 1988

Hillman, James – *Facing the Gods*, Dallas, Spring Publications, 1980

Hurston, Zora Neale – *Their Eyes Were Watching God*, New York, Perennial Library, Harper Row, 1973

James, E.O. – *Le culte de la Déesse-Mère dans l'histoire des religions*, Paris, Ed. Le Mail, 1989

Johnson, Robert A. – *She : Understanding Feminine Psychology*, Religious Publishing Co, 1976

Jung, C.G. et K. Kereny – *Introduction à l'essence de la mythologie : l'enfant divin, la jeune fille divine*, Paris, Payot, 1993

Keen, Sam et Anne Valley-Fox – *Your Mythic Journey : Finding Meaning in Your Life Through Writing and Storytelling*, Los Angeles, Jeremy Tarcher, 1973

Kereny, Karl – *Goddesses of Sun and Moon*, Dallas, Spring Publications, 1979

Kereny, Karl – *Eleusis : Archetypal Image of Mother and Daughter*, New York, Schocken Books, 1977

Kingston, Maxine Hong – *Les fantômes chinois de San Francisco*, Paris, Gallimard, 1979

Koller, Alice – *An Unknown Woman, A Journey of Self-discovery*, New York, Bantam Books, 1981

Koppelman, Susan – *Women's Friendships : A Collection of Short Stories*, Norman, University of Oklahoma Press, 1991

Leary, Lewis – *Kate Chopin : The Awakening and Other Stories*, New York, Holt, Rinehart & Winston Inc., 1970

Leary, Timothy – *Psychedelic Prayers : After the Tao Te Ching*, Kerkonkson, New York, Poets Press, 1966

Le Guin, Ursula – *Dancing at the edge of the World*, New York, Grove Press, 1989

Lessing, Doris – *Le carnet d'or*, Paris, A. Michel, 1976

Levertov, Denise – *Breathing the Water*, New York, A New Directions Book, 1984

Lifshin, Lyn – *Ariadne's Thread, A Collection of Contemporary Women's Journals*, New York, Harper Colophon, 1982

Lindberg, Anne Morrow – *Gift from the Sea*, New York, Vintage Books, Random House, 1955

Lowinsky, Naomi Ruth – *Stories from the Motherline, Reclaiming the Mother-Daughter Bond, Finding Our Feminine Souls*, Los Angeles, Jeremy P. Tarcher, 1992

Luke, Helen – *Kaleidoscope : The Way of Woman & Others Essays*, New York, Parabola Books, 1992

Mairs, Nancy – *Remembering the Bone House*, New York, Perennial Library, Harper & Row, 1989

Metz, Pamela – *The Tao of Learning*, Atlanta, Georgia, Humanics New Age, 1994

Middleton, Ruth – *Alexandra David-Neel : Portrait of an Adventurer*, Boston, Shambhala Publications, 1989

Mittchell, S. – *Tao Te Ching*, New York, Harper & Row Publishers Inc., 1988

Moon, Sheila – *Changing Woman & Her Sisters*, San Francisco, Guild for Psychological Studies Publishing House, 1984

Moore, Rickie – *A Goddess in My Shoes : Seven Steps to Peace*, Atlanta, Georgia, Humanics New Age, 1988

Murdock, Maureen – *Le parcours de l'héroïne ou la féminité retrouvée*, Paris, Danglès, 1993

Nelson, Gertrude Mueller – *Herre All Dwell Free : Stories to Heal the Wounded Feminine*, New York, Doubleday & Co Inc., 1991

Newman, Molly et Barbara Damashek – *Quilters : A Play*. New York, Dramatists Play Service Inc., 1986

Niethammer, Carolyn – *Daughters of the Earth : The Lives & Legends of American Indian Women*, New York, Collier Books, Macmillan, 1977

Oakes, Maud – *The Stone Speaks : The Memoir of a Personal Transformation*, Wilmette, Illinois, Chiron Publications, 1987

Oliver, Mary – *New and Selected Poems*, Boston, Beacon Press, 1992

Olsen, Tillie – *Silences*, New York, Delta Seymour Lawrence, Dell Publishing, 1965

Pearson, Carol et Katherine Pope – *The Female Hero in American and British Literature*, New York, R.R. Bowker Co., 1981

Pijoan, Teresa – *White Wolf Woman and Other Native American Transformation Myths*, Little Rock, August House Publishers Inc., 1992

Plaskow, Judit et Carol P. Christ – *Weaving the Visions : New Patterns in Feminist Spirituality*, San Francisco, Harper, 1989

Pomeroy, Sarah B. – *Goddesses, Whores, Wives and Slaves : Women in Classical Antiquity*, New York, Schocken Books, 1975

Rose, Phyllis – *The Norton Book of Women's Lives*, New York, Norton & Co, 1993

Russell, Willy – *Shirley Valentine*, New York, Samuel French Inc., 1988

Sarton, May – *Journal of a Solitude*, New York, Norton & Co, 1973

Schreiner, Olive – *Dreams*, Pacific Grove, California, Select Books, 1971

Scott-Maxwell, F. – *The Measure of My Days*, New York, Alfred A. Knopf, 1968

Sewell, Marilyn – *Cries of the Spirit : A Celebration of Women's Spirituality*, Boston, beacon Press, 1991

Shange, Ntozake – *For Colored Girls Who Have Considered Suicide When the Rainbow is Enuf*, New York, Collier Books, Macmillan Publishing, 1975

Simpkinson, Charles et Anne – *Sacred Stories : A Celebration of the Power of Stories to Transform and Heal*, San Francisco, Harper, 1993

Sojourner, Mary – *Sisters of the Dream*, Arizona, Northland Publishing, 1989

Stein, D. – *The Kwan Yin Book of Changes*, St. Paul, Minnesota, Llewellyn Publications, 1985

Ulanov, Ann Belford – *The Feminine*, Evanston, Northwestern University Press, 1971

Ulanov, Ann Belford – *Receiving Woman : Studies in the Psychology and Theology of the Feminine*, Philadelphia : Westminster Press, 1981

Ullman, Liv – *Changing*, New York, Alfred A. Knopf, 1977

Walker, Alice – *In Search of Mother's Garden*, Harvest/HBJ Books, Harcourt Brace Jovanovich Publishers, 1983

Walker, B. – *The Woman's Dictionary of Symbols and Sacred Objects*, San Francisco, Harper & Row, 1988

Wall, Steve – *Wisdom's Daughters : Conversations with Women Elders of Native America*, New York, Harper Collins, 1993

Waters, Frank – *The Woman at Otowi Crossing*, Athens, Swallow Press, Ohio University Press, 1987

Wheelwright, Jane Hollister – *The death of a Woman : How a Life Became Complete*, New York, St Martin's Press, 1981

Whyte, David – *Where Many Rivers Meet*, Langley, Washinghton, Many Rivers Press, 1993

Whyte, David – *Fire in the Earth*, Langley, Washinghton, Many Rivers Press, 1992

Wolkstein, Diane et Samuel Noah Kramer – *Inanna – Queen of Heaven and Earth : Her Stories and Hymns from Sumer*, New York, Harper Colophon Books, 1903

Woolf, Virginia – *Une chambre à soi*, Paris, Denoël, 1977

Wing, R.L. – *The Illustrated I Ching*, New York, Doubleday & Company Inc., 1982

Wing, R.L. – *The Tao of Power*, New York, Doubleday & Company Inc., 1986

# Les auteurs

Pamela Metz vit à Denver (Colorado), où elle est directrice associée de l'Ecole Supérieure d'Assistance Sociale de l'Université de Denver. Elle est licenciée en éducation et assistance sociale par l'Université d'Etat de l'Illinois, l'Université de Denver et l'Université du Colorado. Ses trente ans de carrière couvrent une grande rangée de sujets, dans le cadre universitaire et scolaire, ainsi que dans le cadre de la novatrice Université Sans Murs. Elle a travaillée comme institutrice, comme assistance sociale dans des hôpitaux et comme administratrice scolaire. La sagesse du Tao l'a toujours guidée : lâcher prise, suivre les cycles et les processus naturels.

Jacqueline Tobin vit aussi à Denver (Colorado) avec son époux et ses deux enfants adoptifs. Elle assure un cours sur les récits féminins dans le cadre du Département d'Etudes Feminins de l'Université de Denver et est licenciée en éducation, études féminines et psychopédagogie. Ecrivain, elle voyage pour collecter les récits personnels des femmes ; elle a crée « Storylines », un programme psychopédagogique éducatif destiné au rassemblement et à la préservation des récits des femmes. Elle a travaillé comme thérapeute, éducatrice, écrivain et mère. Dans toutes ses fonctions elle se considère une élève et une médiatrice des coutumes féminines.

## *Les artistes*

Shi-huei Cheng a appris le *Nu Shu* en effectuant des recherches extensives dans la Province Hunan, avec les quelques femmes qui l'utilisent encore et en publiant plusieurs des manuscrits originaux et leurs traductions en chinois mandarin. Elle a contribué à faire connaître le langage *Nu Shu* en publiant un livre aux Editions de l'Eveil (Taiwan) en 1991. Elle a travaillé comme rédactrice en chef des Editions de l'Eveil et de la revue Magasine de l'Eveil et fait partie du conseil d'administration de la Fondation de l'Eveil. Actuellement elle est rédactrice en chef du bimensuel Eslite Book Review de Taiwan.

La calligraphie chinoise traditionnelle de ce livre a été créé par Lian Xaiochuan. Originaire de la ville de Wuhan dans la province Hubei (Chine), il réside actuellement à New York.

# *Réflexions*

Les deux auteurs du *Tao de la femme* ont une grande pratique des études sur les femmes et des questions féminines. En sa qualité d'éducatrice et d'administratrice, Pamela a conseillé de nombreuses femmes. Jacqueline, écrivain, a rassemblé les récits des femmes. En voyageant à la recherche des histoires personnelles, elle découvre et consigne les vies des femmes.

En plus de connaître vos impressions sur ce livre, les auteurs sont intéressés par vos récits et vos pensées. Si vous désirez les aider dans leur recherche, nous vous prions d'envoyer vos pensées préférées à :

> Humanics Limited
> Reflections
> PO Drawer 77766
> Atlanta, GA 30357
> Etats Unis d'Amérique

Il serait préférable que vos réflexions soient dactylographiées et ne dépassent pas une page. Inscrivez votre nom, votre adresse et votre numéro de téléphone. Les auteurs ne pourront pas accuser réception pour chaque envoi individuel. En envoyant vos pensées, vous accordez la permission aux auteurs d'inclure une partie ou la totalité de votre correspondance dans leur œuvre, ou dans une édition ultérieur du *Tao de la femme*. Nous vous prions de préciser si vous désirez que votre nom, ou tout autre renseignement vous concernant, ne soit pas mentionné.

# Table des matières

Remerciements .................................................................. 7
Introduction ..................................................................... 8
1. Emergence ................................................................. 13
2. Travail de femmes ..................................................... 15
3. La sage femme .......................................................... 17
4. Récipients ................................................................. 19
5. Equilibre ................................................................... 21
6. Matrice ..................................................................... 23
7. Union ........................................................................ 25
8. Fluide ....................................................................... 27
9. Abondance ................................................................ 29
10. Naissance ................................................................ 31
11. Entre les lignes ....................................................... 33
12. Intuition .................................................................. 35
13. Son Soi / Elle-même ............................................... 37
14. Sagesse ................................................................... 39
15. Les femmes sages ................................................... 41
16. Cycles ..................................................................... 43
17. Obstétrique ............................................................. 45
18. Oublier / Se souvenir .............................................. 47
19. Depuis le centre ...................................................... 49
20. Solitaire .................................................................. 51
21. Pensée .................................................................... 53
22. Refléchir ................................................................. 55
23. Incarnation ............................................................. 57

| | |
|---|---|
| 24. Fondation | 59 |
| 25. Source | 61 |
| 26. Chez soi | 63 |
| 27. Voyager | 65 |
| 28. Contraires | 67 |
| 29. Saisons | 69 |
| 30. Courage | 71 |
| 31. Silence | 73 |
| 32. Femmes et hommes : le Tao | 75 |
| 33. Connais-toi toi-même | 77 |
| 34. Mystères féminins | 79 |
| 35. Suivre la voie sacrée | 81 |
| 36. La façon de faire des femmes | 83 |
| 37. Transformation | 85 |
| 38. Scénarios | 87 |
| 39. Fragments | 89 |
| 40. Retour | 91 |
| 41. La voie | 93 |
| 42. Communauté d'une âme | 95 |
| 43. Douceur | 97 |
| 44. Contentement | 99 |
| 45. Faire le travail du Tao | 101 |
| 46. Peur | 103 |
| 47. Se fier aux émotions | 105 |
| 48. Rituels | 107 |
| 49. Famille | 109 |
| 50. Les rythmes de la vie | 111 |
| 51. La Mère Nature | 113 |

| | |
|---|---|
| 52. Trouvez votre voie | 115 |
| 53. Restez sur la voie quand vous avez perdu votre chermin | 117 |
| 54. Les femmes qui vous ont précédées | 119 |
| 55. Immunité naturelle | 121 |
| 56. Esprit créateur | 123 |
| 57. De l'ordinaire à l'héroïque | 125 |
| 58. Se trahir soi-même | 127 |
| 59. Education | 129 |
| 60. Incubation | 131 |
| 61. Réceptif | 133 |
| 62. Racontez les histoires | 135 |
| 63. Discrimination : sélectionner les graines | 137 |
| 64. Commencements sans fins | 139 |
| 65. Modèles simples | 141 |
| 66. Collaborer | 143 |
| 67. Présents à soi-même | 145 |
| 68. Esprit enjoué | 147 |
| 69. Patience | 149 |
| 70. Spiritualité | 151 |
| 71. Guérison | 153 |
| 72. Modelage | 155 |
| 73. La toile du monde | 157 |
| 74. Changement | 159 |
| 75. Couper le cordon | 161 |
| 76. Subtilités | 163 |
| 77. Stabilité | 165 |
| 78. La puissance du féminin | 167 |

| | |
|---|---|
| 79. Responsabilité pour soi | 169 |
| 80. Etablir des priorités : dire non | 171 |
| 81. Les femmes qui savent | 173 |
| Bibliographie | 175 |
| Les auteurs | 183 |
| Les artistes | 184 |
| Réflexions | 185 |

Achevé d'imprimer en mai 1997
sur les presses de la Nouvelle Imprimerie Laballery
58500 Clamecy
Dépôt légal : mai 1997
Numéro d'impression : 704151

*Imprimé en France*

www.ingramcontent.com/pod-product-compliance
Lightning Source LLC
Chambersburg PA
CBHW032255150426
43195CB00008BA/464